L'HOMME

ENTRE DEUX AGES

OPÉRETTE EN UN ACTE

Représentée pour la première fois, à Paris, sur le théâtre des
Bouffes-Parisiens, le 6 mai 1862.

Paris. — Imprimerie VALLÉE et Cᵉ, 15, rue Breda.

L'HOMME

ENTRE DEUX AGES

OPÉRETTE EN UN ACTE

ar

ÉMILE ABRAHAM

musique de M. HENRI CARTIER

PARIS

E. DENTU, ÉDITEUR

LIBRAIRE DE LA SOCIÉTÉ DES GENS DE LETTRES

Palais-Royal, 13 et 17, galerie d'Orléans

—

Tous droits réservés

—

1862

PERSONNAGES

TRUFALDIN, entre deux âges.................	M. Désiré.
AGNÈS, 35 ans......................	Mes Baudouin.
LISE, 17 ans....................	Lucie Dalbert
BABETTE, 25 ans....................	Tostée.

Nota. — Pour la mise en scène, s'adresser à M. Desmont, régisseur
général du théâtre des *Bouffes-Parisiens*.

•

L'HOMME

ENTRE DEUX AGES

Le théâtre représente une chambre meublée assez richement. — A droite et à gauche, dans un plan oblique, une fenêtre donnant dans la rue, en face d'une autre fenêtre. — Portes latérales.

SCÈNE PREMIÈRE

AGNÈS, puis TRUFALDIN, puis LISE.

AGNÈS, à l'une des fenêtres d'en face.

SÉRÉNADE.

I

C'est moi, je viens dès l'aurore,
Je viens, comme chaque jour,
Au jeune homme que j'adore,
Souhaiter le bonjour.

(Trufaldin entre ; il est en robe de chambre.)

II

Oui, j'attends à la fenêtre,
Oui, j'attends mon damoiseau,

Afin de le voir paraître
Au réveil frais et beau.

LISE, elle apparaît à l'autre fenêtre d'en face. En entendant sa voix,
Trufaldin ne peut cacher son émotion.

SÉRÉNADE.

Le jour se lève et l'oiseau chante,
Réveille-toi, bel endormi,
   Mon ami ;
Entends la voix de ton amante,
Réponds, réponds à son signal,
   Matinal.

II

Ah ! Trufaldin ! qu'un bon archange
Ait veillé pendant cette nuit
   Sur ton lit ;
Qu'il daigne à présent, mon bel ange,
Protéger après ton sommeil
   Ton réveil !

ENSEMBLE.

AGNÈS ET LISE.

Entends d'une faible femme
Entends le profond soupir ;
Si tu repoussais ma flamme,
Il me faudrait mourir.

TRUFALDIN.

Chaque matin cette femme
Vient sous mon balcon gémir.
Malgré moi, par cette flamme
Je me laisse attendrir.

LISE, appelant Trufaldin.

Pst

TRUFALDIN, allant à la fenêtre.

Quoi ?

AGNÈS, appelant Trufaldin.

Pst !

TRUFALDIN, allant à l'autre fenêtre.

Hein ?

LISE, de même.

Pst !

TRUFALD'N, de même.

Eh bien !

AGNÈS, de même.

Pst !

TRUFALDIN, de même.

Après ?

LISE, de même.

Pst !

AGNÈS, de même.

Peut-on venir savoir de vos nouvelles ?...

LISE, de même.

Pst !

AGNÈS, de même.

Répondez !

LISE, de même.

Vous peut-on venir embrasser ?

TRUFALDIN, embarrassé.

Non... oui... (Lise disparait aussitôt après le oui.)

AGNÈS, de même.

Répondez donc !

TRUFALDIN, de même.

Oui... non... Plus tard !... j'ai quelqu'un...

AGNÈS, vexée.

Quelqu'un ?

TRUFALDIN.

Mon notaire !

AGNÈS.

C'est différent... A tantôt, mon bichon !

TRUFALDIN.

A tantôt, ma bichonne. (Elle referme sa fenêtre.)

SCÈNE II

TRUFALDIN, seul.

J'ai vu, il y a quelques jours, une sorte de comédie du nommé Molière, et je me fais, à moi-même, l'effet de son don Juan !... Ouais ! n'allons pas plus avant dans cette double intrigue !... J'ai toujours devant les yeux... cette statue ! je veux décidément me ranger... me marier !.. Mais qui épouserai-je ? Agnès est un peu mûre !... je ne sache pas qu'une femme âgée soit d'un grand agrément... Pourtant, elle m'aime bien !... Quant à Lise, elle est un peu jeune pour moi !... Il y a entre nous une trop grande disproportion d'âge. Il est vrai que je pourrais bien attendre quelques années !... Mais n'y a-t-il pas danger à mon âge, d'avoir une jeune épouse... ne s'expose-t-on pas à... certain ridicule ?... Elle a également d'excellentes qualités !... (On frappe.) Entrez !... (A part, pendant que Lise entre.) Il faut, aujourd'hui, opter pour l'une ou pour l'autre.

SCÈNE III

TRUFALDIN, LISE.

LISE.

Bonjour.

TRUFALDIN.

Bonjour.

LISE.

Bonjour, petit vilain.

TRUFALDIN.

Bonjour, mignonne !

LISE.

Comment avez-vous dormi, mon loup ?

TRUFALDIN.

Bien, mignonne !

LISE.

Vos beaux yeux sont un peu battus !

TRUFALDIN.

Ce n'est rien.

LISE.

Mais, vous rajeunissez.

TRUFALDIN.

Flatteuse !

LISE.

Flatteuse, moi ! méchant, vous savez bien qu'on vous
aime trop pour vous farder la vérité.

TRUFALDIN, à part.

Elle est bonne!... et quel attachement pour ma personne !... je la crois plus sincère qu'Agnès... je l'aime plus aussi...

LISE.

Oui, vous rajeunissez, et je ne sais vraiment pas pourquoi vous vous donnez cet air de vieillard ?

TRUFALDIN.

Comment ?

LISE.

D'abord, cette robe de chambre jure avec ce parfum de jeunesse qui s'exhale de toute votre personne.

TRUFALDIN.

Vous trouvez ?...

LISE.

Vous avez un petit habit coquelicot, qui vous sied à merveille... que ne le mettez-vous ?... Vous l'aviez le premier jour que je vous vis... ai-je pu l'oublier ?

TRUFALDIN.

Au fait ! je veux l'endosser aujourd'hui... (Il va à l'armoire et prend l'habit.) Le voici...

LISE.

Oh ! rien qu'à sa vue, mon cœur palpite.

TRUFALDIN.

Je veux le mettre à l'instant pour vous plaire. (Il ôte l'habit qu'il a sur le dos et met celui qu'il a pris dans l'armoire.) Eh bien ! mignonnette, comment me trouvez-vous ?

LISE.

Je trouve que tout ces godelureaux dont on vante la tournure élégante, ne sont rien auprès de vous.

TRUFALDIN.

Je peux donc plaire ?

LISE.

Petit fat!... (Lui arrangeant son jabot.) Là... laissez sortir vos
dentelles... et quand vous prenez une prise, ayez soin
que quelques grains de tabac y tombent, afin de pouvoir
les ôter élégamment... Tenez, comme cela!... (Elle fait le
geste.)

TRUFALDIN, l'imitant.

Comme cela?

LISE.

Très-bien!... très-bien... vous être adorable... Maintenant,
tenez-vous droit, appuyez-vous sur le pied gauche, mettez
le pied droit en avant et faites une piroutte, palsembleu!
(Il veut faire une pirouette et tombe. Il se rattrape à un fauteuil, et s'assied.)

TRUFALDIN.

Je crois que j'allais me laisser choir!

LISE.

C'est le manque d'habitude... (Embarrassée.) Mon chéri,
avez-vous reçu les deux mille livres que maître Testamentum, votre notaire, vous devait compter?

TRUFALDIN.

Oui, ma petite poule...

LISE, se mettant à genoux.

Ce n'est pas curiosité!... c'est l'amour qui m'autorise à
vous faire cette demande. Ah! qu'il me tarde d'être au
jour fortuné où nos feux seront couronnés!

TRUFALDIN, à part.

Elle est folle de moi! (Haut.) ne restez pas dans cette posi-
tion, cher ange. (Il la fait relever.)

LISE.

(Elle se place derrière le fauteuil de Trufaldin.

Quand ce jour bienheureux viendra-t-il?

TRUFALDIN.

Cela vous tient donc toujours?

LISE.

Vous êtes cruel de me le demander !... J'y pense sans cesse... Surtout depuis le jour où vous avez osé... téméraire !... vous aviez ce même habit... Ah ! voici quelques rebelles encore !...

TRUFALDIN.

Que voulez-vous dire ?

LISE.

Des cheveux blancs.

TRUFALDIN.

Ah ! je vieillis, vous voyez ! (Lise lui arrache quelques cheveux.) Encore !... Oh ! m'amour, faites-moi grâce pour aujourd'hui !...

LISE.

Si jeune !... l'air d'un adolescent tout au plus... et je souffrirais !... d'ailleurs, ne faut-il pas que deux amoureux paraissent avoir le même âge ? (Elle lui arrache des cheveux.)

TRUFALDIN, se levant.

Ah permettez... je ne souffrirai pas plus longtemps.

DUO.

LISE.

Laissez-moi, de grâce,
Oter ces cheveux ;
Pour un amoureux
Vraiment quelle grâce
De paraître vieux !
Devant la vieillesse,
Toujours on frémit ;
Toujours on sourit
Devant la jeunesse,
O mon doux ami !

ENSEMBLE.

TRUFALDIN.

Voyez quel caprice,
Laissez-moi, m'amour,
Faut-il chaque jour
Qu'ici je subisse
Cet affreux supplice ?

LISE.

Le grand sacrifice !...
Il faut en ce jour
Qu'au nom de l'amour,
Ici l'on subisse
Ce petit caprice !

(Pendant ces couplets, Lise a constamment cherché à arracher des cheveux
blancs.)

LISE.

Mais vous êtes bien mieux comme ça !... quel charmant
ménage nous allons faire !

TRUFALDIN.

Il me semble que j'y suis déjà.

LISE.

Eh bien, anticipons sur notre bal de noce... dansons.

TRUFALDIN.

Danser, moi? vous n'y songez pas, ma mie

LISE.

J'y songe très-bien ; dansons.

TRUFALDIN.

Ce n'est pas de mon âge.

LISE.

De votre âge? si l'on dirait que c'est un jeune homme
qui parle!... dansons, dansons... (Ils dansent.)

TRUFALDIN, tombant sur une chaise.

Il y aurait cruauté à la faire languir davantage... (Haut.)
Décidément, ma chérie, c'est demain que nous nous marierons !... Je veux, aujourd'hui parler à Me Testamentum,
pour qu'il prépare un beau et bon contrat... Je veux aussi
mettre mes affaires en ordre et vous laisser tout mon bien,
à ma mort.

LISE.

Ne parlez pas de cela, vous me fendez le cœur.

TRUFALDIN, à part.

C'est un ange !...

LISE, embarrassée.

Et... combien me laisserez-vous?...

TRUFALDIN.

Mais... vingt mille écus de rentes !

LISE, à part.

Vingt mille écus !!! (Haut.) Adieu ! je vous aime !...

TRUFALDIN.

Adieu, poulette !. . (Lise sort.)

SCÈNE IV

TRUFALDIN, il est encore essoufflé et se remet peu à peu.

Qu'il est doux d'être aimé pour soi-même .. Oui, elle
portera mon nom... oui... oui... elle sera ma femme. Quand
nous irons ensemble à la promenade ou à la comédie, cha-
cun dira : « Quels sont ces jeunes gens? » — « C'est M. Trufaldin et sa femme, Lise Trufaldin. » — « Comme M. Trufaldin paraît jeune aujourd'hui !... il a donc le secret de

rajeunir? » — « Oh que nenni !... c'est son aïeul que vous
avez connu ! » Agnès enragera .. C'est une vieille demoi-
selle, que cette Agnès, ce n'est point du tout l'affaire d'un
jeune godelureau !...

COUPLETS.

I

Vous avez un trop grand défaut
Pour m'épouser, ma mie,
Vous n'êtes pas, et tant s'en faut,
Assez jeune et jolie ;
Vous avez, dit-on,
Beaucoup de raison,
Une âme charitable ;
Mais il vaudrait mieux
De jolis yeux bleus,
Taille fine et visage aimable !

II

Vous avez un trop grand défaut
Pour m'épouser, ma mie,
Vous n'êtes pas, et tant s'en faut,
Assez jeune et jolie.
L'on me raillerait
Si l'on vous savait
Avec moi fiancée,
Et je suis vraiment
Beaucoup trop prudent,
Pour m'exposer à la risée.

Mon parti est bien pris... d'ailleurs, je ne puis en épouser deux... je dois prendre une décision... il faut de la
fermeté... j'en aurai !

SCÈNE V

TRUFALDIN BABETTE.

BABETTE.

Dites donc, not' maître, j' vous apportons votre déjeu-
ner...

TRUFALDIN.

Tu es en retard.

BABETTE, envisageant Trufaldin.

Ah, bon !... C'est une de ces femmes d'en face qui s'ra
venue et qui vous aura enjôlé... c'est elle encore qui
vous aura affublé de la sorte... Allez, vous êtes ridicule !

TRUFALDIN.

Babette, je te défends de me parler ainsi !

BABETTE.

Eh bien ! je le répétons : vous êtes ridicule ! Grondez-
moi, chassez-moi si vous voulez, mais je serai franche ;
cette femme est une...

TRUFALDIN.

Je te défends, Babette, de mal parler d'elle, car elle va
être ma femme !

BABETTE.

Vous êtes fou !... (Avec intention.) Elle vous enterrera...

TRUFALDIN.

Elle ne m'enterrera point, je t'en réponds !... mais, tu es
peut-être jalouse ?...

BABETTE.

Jalouse, moi ? Dieu m'en garde !... seulement... je croyais bien faire en vous empêchant d'épouser cette pie-grièche.

TRUFALDIN.

Je te dis que je l'épouserai... et je te prie de taire ton bec...

BABETTE.

Après tout... je m'en moquons bien... épousez-la... n' l'é-pousez point, faites-vous bichonner toute votre personne... J' sommes ben bonne, ma foi ! d' vouloir vot' bonheur, mal-gré vous... vous êtes un vieux fou...

TRUFALDIN.

Babette, tu m'échauffes les oreilles.

BABETTE.

Eh ! ma fine à votre âge, il vaut mieux.

TRUFALDIN.

Retourne dans ta cuisine.

BABETTE.

Pas avant de vous voir revenu à la raison...

TRUFALDIN.

Tu ne veux pas te taire, eh bien ! c'est moi qui sors... Aussi bien, je suis aise de me montrer un peu dans cet accoutrement galant. (Fausse sortie.)

BABETTE.

Pourtant, nous ne sommes plus au carnaval.

TRUFALDIN, revenant.

Babette, tais-toi. (Fausse sortie.)

BABETTE.

Je me tais, mais je dirai seulement que cette femme, après vous avoir fait crever, mangera votre bien avec quel-que jeune godelureau.

TRUFALDIN, revenant.

Babette, tais-toi. (Fausse sortie.)

BABETTE.

Je me tais, mais je dirai seulement que si cette femme vous arrache les cheveux, c'est pour qu'il y ait sur votre tête place pour autre chose.

TRUFALDIN, revenant.

Babette, tais-toi. (Fausse sortie.)

BABETTE.

Je me tais, mais je dirai seulement...

TRUFALDIN, revenant.

Babette... Je vais te bailler. (A lui-même.) Mais je ne veux point me mettre la bile en mouvement pour cette coquine... Après mon mariage, je la chasse. (Il sort.)

SCÈNE V

BABETTE, Babette mettant le couvert de Trufaldin.

Le pauvre homme ! faut-il qu'il s'en laisse accroire par ces deux envieuses de ses écus !... Ah ! comme il devrait leur bailler la porte au nez .. mais point... il croit à leurs beaux discours et ne voit point qu'elles se gaussent de lui.

CHANSON.

I

Quand Lise auprès du pauvre homme,
Prenant un air langoureux,
De sa passion l'assomme,
On rit de notre amoureux.

Suranné, poussif. quinteux...
Moi, j'ai pitié du pauvre homme !

II

Agnès auprès du pauvre homme
    Feint d'avoir le cœur trop bon,
    Et de trop de soins l'assomme ;
    On se rit de ce barbon,
    Dorloté comme un poupon...
Moi, j'ai pitié du pauvre homme !

Je suis bien sûre que tout le monde lui rit au nez ! (Elle regarde par une fenêtre.) Bon ! à l'autre, à présent... elle ne le veut point lâcher... Elle le suit ici... Ah ! ma foi, je vais à ma cuisine... si je me rencontrais avec cette femme... je lui arracherais les yeux !... (Elle sort.)

SCÈNE VII

TRUFALDIN, AGNÈS.

AGNÈS, Agnès parle avec autorité.

Mais enfin, quelqu'un vous a-t-il fait de la peine ?

TRUFALDIN, à part.

De la fermeté ! (Haut.) J'aurais bien voulu voir que quelqu'un s'avisât de me contrarier.

AGNÈS.

Alors... c'est à moi que vous en voulez ?...

TRUFALDIN, à part.

De la fermeté. (Haut.) A vous... je ne dis pas cela.

AGNÈS.

Vous n'êtes pas dans votre assiette ordinaire, mon ami... Contez-moi vos chagrins, j'en veux ma part! n'est-ce pas juste?... Je vais être votre femme... Eh bien, tout doit être commun entre nous... joie... peines... vous ne m'aimez plus...

TRUFALDIN, avec indifférence.

Oh! que si fait! (A part). Hum! hum!

AGNÈS.

A la bonne heure!... Je vous dirai, mon ami, que je vous fais une paire de manches neuves pour le jour de notre mariage.

TRUFALDIN, à part.

Nous y voilà!... de la fermeté!

AGNÈS, à part.

Quelle indifférence!... (Trufaldin va s'asseoir à la table et mange.) Pour notre mariage... Car, ce sera bientôt, n'est-ce pas?... (Allant près de Trufaldin, et lui mettant sa serviette autour du cou.) Ah! vous n'aurez pas là, une bien jeune femme!... mais la saison de la galanterie est passée pour vous, mon enfant! C'est une femme dévouée qu'il vous faut! une femme qui n'aspire pas seulement après vos biens... si j'étais plus jeune, je ne voudrais pas...

TRUFALDIN.

Pourtant, il en est...

AGNÈS, lui coupant son pain.

Vous ne me comprenez pas... Je ne voudrais pas vous épouser... dans votre intérêt! Quand on est jeune... la tête est faible, le cœur est fragile et... malgré mon amour pour vous... si j'avais vingt ans...

TRUFALDIN.

Hum!

AGNÈS.

Vous avez bien fait de me choisir... Entre nous, jamais de
soupçons, jamais de bouderies... Nous suivrons ensemble,
en nous donnant la main, le chemin que nous avons à par-
courir encore...

TRUFALDIN, à part.

Elle n'est pas sotte !

AGNÈS.

Nous ne serons pas deux amants, mais deux compagnons...
deux amis fidèles ! à notre âge c'est moins ridicule !...

TRUFALDIN, à part.

Elle n'a peut-être pas tort !

AGNÈS.

Ce n'est pas l'intérêt qui me guide, et ce n'est pas... les...
quelques livres que vous possédez...

TRUFALDIN.

Vingt pauvres petites mille livres par an !

AGNÈS, à part, avec transport.

Vingt mille livres !!! (haut.) Je voudrais que vous n'eussiez
rien... je vous aimerais davantage.

TRUFALDIN, à part.

Elle m'est bien dévouée !... c'est vrai pourtant, je serais
plus tranquille avec elle !... ce n'est pas une tête folle !

AGNÈS.

O mon ami !

TRUFALDIN.

Quoi donc ?

AGNÈS.

Des cheveux noirs !

TRUFALDIN.

Oui-da !... Je ne suis pas tout à fait décrépi ! (Agnès lui arrache des cheveux noirs.) Si vous en faites autant tous les jours, vous m'allez dégarnir le crâne... entièrement.

AGNÈS.

Ces vilains crins noirs jurent avec ces beaux cheveux argentés ! (Elle arrache des cheveux, Trufaldin crie.)

TRUFALDIN.

Oh! mais je ne souffrirai pas plus longtemps.

DUO

AGNÈS.

Laissez-moi, de grâce,
Oter ces cheveux :
Lorsque l'on est vieux,
Vraiment, quelle grâce
D'en être honteux !
A noble vieillesse
Toujours on sourit,
Toujours on se rit
De folle jeunesse,
O mon doux ami !

ENSEMBLE.

AGNÈS.

Le grand sacrifice,
Il faut en ce jour
Qu'au nom de l'amour,
Ici l'on subisse
Cet affreux supplice.

TRUFALDIN.

Voyez quel caprice !
Laissez-moi, m'amour ;
Faut-il chaque jour
Qu'ici je subisse
Cet affreux supplice ?

AGNÈS.

Mon ami, comme vous êtes guindé dans cet habit...

TRUFALDIN.

En effet, il me gêne un peu sous les bras...

AGNÈS.

Et il ne vous sied nullement.

TRUFALDIN.

Vous trouvez?...

AGNÈS.

Otez-le et mettez-moi ça. (Elle ouvre l'armoire et prend une douillette.) Voyons, mon enfant, ôtez cet habit. (Elle l'aide à se défaire de son habit.) Là... là... tout doucement... maintenant... maintenant endossez ceci... c'est chaud... c'est ample... vous serez à votre aise.

TRUFALDIN.

Vous me gâtez !...

AGNÈS.

Cette cravate vous étrangle... mettez celle-ci. (Elle l'aide à changer de cravate.)

TRUFALDIN.

Vous êtes d'une bonté...

AGNÈS.

Maintenant allez vous asseoir.

TRUFALDIN.

Hein?...

AGNÈS.

Allez vous asseoir. Là... comme cela vous faites plaisir à voir... Restez dans ce fauteuil... Attendez... attendez... (Elle va chercher un oreiller et le met sous la tête de Trufaldin.) Là... posez votre tête... Ah ! (Elle va chercher un tabouret.) Mettez vos pieds là-dessus... êtes-vous bien?

TRUFALDIN.

Je ne sais que vous dire !... Décidément, m'amour, c'est demain que nous nous marierons.

AGNÈS, à part.

Demain ! (Haut.) Demain ?... Adieu, mon poulot !

TRUFALDIN.

Adieu ! que je vous baise au front. (Il l'embrasse.)

AGNÈS, à part.

Dois-je ?... vilain petit ! (Ils s'embrassent... Agnès va pour sortir... elle revient, ils s'embrassent encore.) Adieu, demain, le plus beau jour de notre vie... adieu ! (Elle sort après lui avoir envoyé quelques baisers sur le seuil de la porte.)

SCÈNE VIII

TRUFALDIN, seul.

. C'est décidément Agnès que je choisis... elle est remplie d'excellentes qualités !... et quelle affection ! quel dévouement ! Elle se mettrait au feu pour m'épargner... une brûlure !... C'est que, comme elle le dit, elle préférerait que je fusse pauvre .. l'âme d'élite !... va ! va ! tu seras heureuse avec moi !... Diable !... Et Lise !... ici, tantôt je lui ai promis... Je lui dirai ma nouvelle résolution... Morbleu !... il faut du bon sens... il ne faut pas se laisser mener par le bout du nez... il faut surtout de la fermeté... beaucoup de fermeté... Dieu merci ! ce n'est pas cela qui me manque. (Se mettant dans le fauteuil.) C'est tout de même que je suis bien mieux ainsi... Je suis à mon aise, je respire... Vous faites plaisir à voir, m'a-t-elle dit !... Je fais plaisir à voir ! Étais-je assez ridicule ce matin en écoutant cette petite écervelée de Lise ?... Mais maintenant, maintenant je fais plaisir à voir et je suis bien certain qu'on ne rira pas de moi.

SCÈNE IX

TRUFALDIN, BABETTE.

(Babette qui vient d'entrer pour débarrasser le couvert jette les yeux
sur Trufaldin et part d'un éclat de rire.)

TRUFALDIN.

Qu'est-ce à dire ? ne ris point.

BABETTE, riant plus fort.

Non, monsieur, je ne ris point... mais...

TRUFALDIN.

Je t'ordonne de ne point rire.

BABETTE, essayant de comprimer ses éclats.

Pardon, monsieur... voilà qui est fini, mais. (Éclatant de
nouveau.) Ah ! grondez-moi, battez-moi, tuez-moi, mais je
ne peux m'empêcher...

TRUFALDIN.

J'attends ton bon plaisir !

BABETTE.

Voilà ! voilà ! c'était bien malgré moi, parce que là..

TRUFALDIN.

C'est très-heureux. (Babette recommence à rire.) Babette, vas-
tu continuer à m'insulter?

BABETTE.

C'était nerveux. . mais, à présent, je ne ris plus, car je
n'ai jamais été plus peine !

TRUFALDIN.

Pourquoi cela ?

BABETTE.

Faut-il que vous soyez b... bon pour vous laisser affubler
de la sorte !... Ce matin, vous étiez déguisé en jeune godelureau, et à cette heure, on dirait du grand-père à mon
grand-père, si le cher homme n'était pas défunt.

TRUFALDIN.

Ce matin, j'avais cédé aux caprices d'une jeune coquette...
mais depuis j'ai réfléchi, et tout bien considéré, j'ai choisi
une femme d'un âge raisonnable pour moi... qui ne veut
que mon bonheur... qui m'aime véritablement et n'aspire
pasaprès mes biens.

BABETTE.

Ah ! ouiche !

TRUFALDIN.

Il n'y a pas de « ah ! ouiche, » elle préfèrerait que je
fusse pauvre... elle me l'a dit.

BABETTE.

Du moment qu'elle vous l'a dit !

TRUFALDIN.

Elle m'a en grande affection, mais elle m'adorerait davantage, si je n'avais pas un écu.

BABETTE.

Elle vous l'a dit aussi ! Voyons mon maître, pardonnez-moi
mes boutades et mes rires, et mettez-vous bien en tête que
je veux vous empêcher de faire une sottise qui vous tien-
drait en ridicule auprès des gens, et dont vous auriez regret
toute votre vie.

TRUFALDIN.

Tu es une fine mouche, mais Trufaldin n'est point un
imbécile, lui !

BABETTE.

Je ne comprends pas.

TRUFALDIN.

Je ne t'en veux point, au contraire, je te remercie de l'intérêt que tu fais mine de me porter.

BABETTE.

Que je fais mine ! Quoi ? vous doutez.

TRUFALDIN.

J'ai vingt mille livres de rentes, et c'est dommage qu'en me mariant...

BABETTE, l'interrompant vivement.

Ah ! monsieur Trufaldin.

AIR.

Vous pouvez avoir semblable pensée,
Quand depuis dix ans je veille sur vous,
Quand à vous servir toujours empressée,
Je vous ai donné mes soins les plus doux !

Un pareil soupçon... de vous, mon vieux maître !...
Je sens malgré moi mon cœur se briser !
Il aurait fallu ne pas me connaître,
Pour d'un tel calcul pouvoir m'accuser !
Vous pouvez avoir, etc., etc.

TRUFALDIN.

J'ai eu tort sans doute, mais c'est ta faute. (On entend Agnès et Lise se quereller, échanger les mots : pendarde, bégueule, péronnelle, etc.)

TRUFALDIN.

Mais quel est ce bruit ?

BABETTE, allant à la fenêtre.

Ce sont vos deux maîtresses qui se querellent.

TRUFALDIN.

Eh bien, doutes-tu encore ? c'est mon cœur qu'elles se
disputent !... Qu'en dis-tu, suis-je aimé ?...

BABETTE.

J'avais tort monsieur, et je vous fais mes excuses ; mais les
voici qui semblent venir ici.

TRUFALDIN.

Ah ! diable.

BABETTE, à part.

Quelle idée, si je pouvais... (Haut.) Mettez-vous là, monsieur.

TRUFALDIN.

Me cacher ! me cacher.

BABETTE.

Sans doute ! tenez dans cette armoire. Vous éviterez une
explication dangereuse, les voici, hâtez-vous. (Elle le pousse
dans l'armoirie.) Il va enfin savoir combien il est aimé... à
mon rôle.

SCÈNE X

TRUFALDIN, dans l'armoirie, BABETTE, AGNÈS et LISE
qui entrent en se disputant.

FINALE.

BABETTE.

Mais quel est donc ce tapage ?
Vous allez, je le gage,
Troubler le voisinage ;

Doucement expliquez-vous.
(A Agnès.)
D'où vient donc votre colère ?

AGNÈS.

Elle dit épouser demain
Celui qui m'a promis sa main,
Et cette audace m'exaspère.

BABETTE.

Ah ! calmez votre courroux ;
Le bonhomme vous abuse ;
Tout son amour n'est que ruse,
Car ce matin, oui, l'infâme
A pris Lise pour femme.

AGNÈS.

Séducteur ! sacripan !

BABETTE, à part.

Et d'une ! à l'autre maintenant.
(A Lise.)
Mais d'où vient donc votre colère ?

LISE.

Elle dit épouser demain
Celui qui m'a promis sa main,
Et cette audace m'exaspère.

BABETTE.

Ah ! calmez votre courroux ;
Le bonhomme vous abuse ;
Tout son amour n'est que ruse ;
Il se moque bien de vous ,
Car ce matin, oui, l'infâme
A pris Agnès pour femme.

LISE.

Séducteur ! sacripan !

BABETTE, à part.

Je suis tranquille maintenant.

3.

AGNÈS.

Après tout, que m'importe?
Crois-tu que je l'aimais?

LISE.

Que le diable l'emporte;
De lui je me moquais.

(Trufaldin entr'ouvre l'armoire.)

AGNÈS.

Son amour m'importune
Je voulais ses écus.

LISE.

Je voulais sa fortune,
Mais de lui rien de plus.

ENSEMBLE.

BABETTE.	LISE ET AGNÈS.
Mon adroit stratagème	Ma fureur est extrême;
A pu réussir.	Je veux en finir.
Il saura par lui-même	Il doit aujourd'hui même
A quoi s'en tenir.	Entre nous choisir.

TRUFALDIN.

Ma surprise est extrême,
Il faut les punir.
Je veux à l'instant même
Les faire sortir.

TRUFALDIN, parlé.

Ah! coquines!!!

LISE, prenant Trufaldin par le bras et l'attirant d'un côté du théâtre

Avez-vous à cette femme
Promis de vous unir?

AGNÈS, tirant Trufaldin de l'autre côté du théâtre.

Optez entre nous, infâme!
Car je veux en finir.

LISE, même jeu.

Vous me donniez votre tendresse
Ce matin.

AGNÈS. même jeu.

N'ai-je pas eu votre promesse
Pour demain ?

LISE.

Il faut que je me venge d'elle !

AGNÈS.

J'en veux à cette péronnelle !

LISE.

Elle arrachait ces noirs cheveux
Qui vont bien à votre figure.

AGNÈS.

Elle osait toucher, c'est affreux !
A votre blanche chevelure !

(Lise et Agnès veulent se battre ; Trufaldin reçoit les coups.)

LISE.

Je veux donner quelques bons coups
A cette carogne.

AGNÈS.

Je veux déchirer devant vous
Sa vilaine trogne.

(Lise et Agnès arrachent par poignées les cheveux de Trufaldin qui reste
avec un toupet, mais les tempes dégarnies.)

TRUFALDIN, furieux.

A la fin, redoutez mon courroux !!! (Un silence.)

AIR.

(A Agnès et à Lise.)

A vous je ne saurais m'unir
Car vous êtes trop vives.

(Regardant Babette.)

Mais je sais comment en finir
Dans mes alternatives.

(A Agnès et à Lise.)

Vous vous disputez,
Et vous convoitez
Mes cheveux, ma fortune ;
Gardez les cheveux,
Quant à moi, je veux
Garder mon argent... sans rancune !

(Il leur montre la porte.)

ENSEMBLE.

TRUFALDIN.   BABETTE.

Je défends à l'avenir   Défendez qu'à l'avenir
Qu'on les laisse ici venir.   On les laisse ici venir.
Je ne les verrai désormais   Ne les revoyez désormais
Jamais !   Jamais !

AGNÈS ET LISE.

Je ne veux à l'avenir
Jamais chez toi revenir ;
Je ne te verrai désormais
Jamais !

TRUFALDIN, à Babette.

Pour toi (*bis*)
Et mon cœur et ma foi.

(Aux deux autres femmes.)

Pour vous,
Des coups,
Si vous revenez chez nous !

BABETTE.

Pour moi (*bis*)
Et son cœur et sa foi.

(A Agnès et à Lise.)

Pour vous,

Des coups,
Si vous revenez chez nous!

AGNÈS ET LISE.

De moi (*bis*)
Toujours éloigne-toi!
(L'une à l'autre.)
Pour vous! (*bis*)
Redoutez mon courroux!

(Tableau. Le rideau baisse.)

FIN

Paris. — Imp. VALLÉE et Ce, 15, rue Breda.

BIBLIOTHÈQUE DU THÉATRE MODERNE

EN VENTE CHEZ DENTU, ÉDITEUR :

Fr.

LES PETITS OISEAUX, comédie en trois actes, par MM. Eugène Labiche
et Delacour, joli vol. grand-in-18 2

LE VRAI COURAGE, comédie en 2 actes, par MM. Adolphe Belot et Raoul
Bravard.. 1

LA FLEUR DU VAL SUZON, opéra-comique en un acte de M. Turpin de
Sansay, musique de M. Douay 1

LES PLANTES PARASITES OU LA VIE EN FAMILLE, comédie en 4 actes,
par M. Arthur de Beauplan 2

L'HOMME ENTRE DEUX AGES, opérette en un acte de M. Emile
Abraham, musique de M. Henri Cartier 1

LE PREMIER PAS, comédie en un acte de MM. Labiche et Delacour. ... 1

L'ILLUSION DE L'AMOUR, comédie en un acte et en vers de M. Ernest
Serret... 1

[Paris. — Imprimerie VALLÉE et Cᵉ, rue Breda, 15.